LA COMMUNE DE BOUAYE

A

M. LE PRÉFET

ET A

MM. LES MEMBRES DU CONSEIL GÉNÉRAL

DE LA LOIRE-INFÉRIEURE.

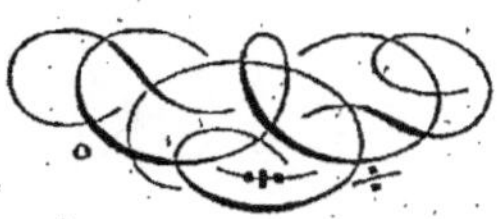

NANTES,

IMPRIMERIE MERSON, RUE NOTRE-DAME, N° 3.

—

1855.

MONSIEUR LE PRÉFET,

MESSIEURS LES CONSEILLERS GÉNÉRAUX,

Au nom des communes de Bouaye, Brains, Saint-Léger, Saint-Aignan et Pont-Saint-Martin, nous venons présenter à M. le Préfet et au Conseil général de la Loire-Inférieure, afin d'éclairer leur religion, des observations sur la demande de translation du chef-lieu de canton de Bouaye au bourg de Rezé.

Pour bien apprécier le mérite et l'opportunité de cette demande de la commune de Rezé, il est nécessaire de remonter en 1844 et d'indiquer les causes qui l'ont fait naître, ce retour vers le passé devant démontrer que cette question de translation a déjà été l'objet des délibérations du Conseil général en 1845.

Dans le cours de l'an 1844, le Procureur du Roi, averti que les audiences de la justice de paix du canton de Bouaye ne se tenaient pas toutes au chef-lieu, qu'elles avaient lieu pour la plupart à Pont-Rousseau, en la demeure du juge de paix; que l'huissier d'abord et le greffier ensuite, quittant le chef-lieu, étaient venus successivement demeurer à Pont-Rousseau, fit cesser cet état de choses, contraire à la loi.

C'est alors qu'une pétition fut présentée à M. le Préfet, par divers habitants de la commune de Rezé, afin d'obtenir au bourg de Rezé la translation du siége du chef-lieu de canton de Bouaye.

Soumise au Conseil d'arrondissement, cette demande fut rejetée dans sa séance du 28 juillet 1845.

Elle ne fut pas mieux accueillie par le Conseil général, sur les conclusions conformes de M. le Préfet.

Malgré cet échec, la commune de Rezé, fondant des espérances favorables sur le fait du renouvellement du Conseil général, a renouvelé sa demande.

Les sept communes du canton de Bouaye ont été invitées par M. le Préfet, le 2 février dernier, a donner leur avis sur cette question de translation du siége du canton.

Les deux communes de Rezé et de Bouguenais ont été d'un avis favorable au déplacement ; mais celles de Bouaye, Brains, Saint-Léger, Saint-Aignan et Pont-Saint-Martin, se sont prononcées contre.

La commune de Bouaye s'en est référée aux raisons déduites dans sa délibération, sur le même sujet du 10 août 1844.

Aux considérations si vraies développées dans cette délibération, dues à la plume distinguée de M. Lucas Championnière, avocat, auteur du *Traité des droits d'enregistrement*, membre du Conseil général de la Loire-Inférieure, lorsque la mort est venu le frapper, nous pouvons ajouter d'autres raisons graves n'existant point alors.

Il est hors de doute que Bouaye est de tout le canton le bourg le plus central, le plus accessible, où viennent rayonner le plus grand nombre de routes. Ce sont ces considérations écrites dans la loi du 8 pluviôse an IX, art. 4, qui ont déterminé le Gouvernement à faire choix du bourg de Bouaye pour le chef-lieu du canton, tandis que le bourg de Rezé, bordé par la Loire, réunit le moins ces conditions nécessaires et indispensables pour la résidence d'un chef-lieu de canton, placé qu'il est d'ailleurs, à son extrémité.

Le tiers au moins de la commune de Bouguenais, limitrophe de celle de Bouaye, est intéressée, comme les cinq autres communes que nous avons citées, au maintien du chef-lieu à Bouaye, dont il est plus rapproché que du bourg de Rezé, et avec lequel il a de fréquentes relations.

Pour se convaincre de l'exactitude de ces deux assertions, il suffit de jeter les yeux sur la carte du canton.

Déjà en 1852, la commune de Bouguenais avait demandé pour elle-même la résidence du chef-lieu de canton, et sa prétention, comme celle de Rezé, ne fut pas trouvé fondée.

En présence de ces deux décisions, on serait réellement bien étonné de l'obstination, nous ne devons pas dire des habitants de Rezé, parce qu'il nous est appris que la demande de translation du canton, émane d'une partie, et non pas de tous ses habitants, si l'expérience ne prouvait qu'il arrive souvent que l'intérêt personnel, levier puissant, sait habilement se couvrir du masque de l'intérêt général.

Il suffira de notre indication pour que les regards de M. le Préfet et des hommes éclairés qui composent le Conseil général, reconnaissent ceux à qui la translation du chef-lieu de canton serait réellement avantageuse.

Cette question déjà deux fois étudiée, a été jugée sans appel, nous le croyons; car si les hommes changent, l'esprit du Conseil général continue toujours de rester pénétré de sa haute mission de Conseiller et de provoquer les mesures utiles et propres à répandre le bien-être et la prospérité dans le pays dont il est l'organe; aujourd'hui donc, comme alors, il ne saurait approuver une mesure condamnée.

Pour qu'il y ait motif et raison légitimes d'y revenir, il faudrait se fonder sur des changements importants survenus depuis les décisions rendues.

En existe-t-il? Non.

Aucun changement, aucun fait nouveau, survenus depuis 1854, ne sauraient donner aujourd'hui raison à la commune de Rézé, qui ne se présente qu'avec une demande nouvelle, sur laquelle il a été déjà prononcé, tandis que les partisans si nombreux, si forts de la justice de leur cause, du maintien du chef-lieu de canton au bourg de Bouaye, opposent à l'appui de leur résistance de fortes et solides raisons, basées sur des faits accomplis depuis 1844.

En effet, une seule voie de grande communication existait alors entre les communes du canton de Bouaye, la grande route de Nantes à Machecoul; nous passons sous silence les nombreuses routes d'une importance secondaire.

Aujourd'hui, une nouvelle route départementale, celle du Pellerin à Aigrefeuille, traverse le canton de Bouaye, sur toute sa longueur, et dans une autre partie de son territoire, reliant les bourgs de Brains, Bouaye, Saint-Aignan et Pont-Saint-Martin, doublant la facilité des rapports du chef-lieu avec toutes les parties du canton.

Un prétoire convenable, pour la justice de paix, a été construit.

Seule des trois communes ses voisines (Brains, Saint-Léger et Saint-Aignan), elle vient d'établir un vicariat dans sa paroisse, désireuse de propager les bienfaits de la religion et de les faire profiter de la commodité d'une messe basse.

L'autorité n'a-t-elle pas reconnu la position du bourg de Bouaye, en y plaçant une brigade de gendarmerie, comme le point le plus central et le plus accessible, dominant toutes les parties du canton ?

Enfin le gouvernement, en ajoutant cette année à la perception des contributions directes de Bouaye, les deux communes de St-Aignan et du Pont-St-Martin, qui comprenait par avance celles de Brains, Bouaye et St-Léger, ne vient-il pas encore nous donner raison ?

Les habitants de ces communes, en venant payer leur dette à l'Etat, auront donc la facilité, sans déplacement nouveau, de se rendre aux audiences, et de prendre les conseils de leur guide et de leur conseiller naturel et éclairé, le juge de paix.

Disons-le donc sans crainte, jamais le moment de demander le tranfert du chef-lieu de canton de Bouaye, n'a été moins opportun, moins fondé.

Quoi ! lorsque, par ses efforts, par ses sacrifices persévérants, la commune de Bouaye est parvenue à s'élever à la hautenr de sa position de chef-lieu de canton, on viendrait le lui enlever et rendre inutiles tous ses sacrifices, au lieu de l'encourager de ses louables efforts ? Nous ne pouvons nous arrêter à cette pensée.

Au contraire, nous nous reposons sur M. le Préfet, sur le Conseil général, qui, dans leur sagesse, sauront nous protéger contre la prétention si peu fondée de la commune de Rezé. Leurs décisions ne peuvent être douteuses ; elles consacreront pour la troisième fois, des droits légitimes, sanctionnés par des sacrifices, des efforts bien dignes d'être encouragés.

Les esprits les plus sérieux, vous, Messieurs les Conseillers généraux, n'avez-vous pas pensé qu'il y a danger à laisser trop agglomérer les populations, à les attirer vers les villes, sans nécessité bien démontrée ? N'avez-vous pas compris que cette agglomération est l'une des causes des commotions révolutionnaires, si dangereuses, et des maux qui en résultent, maux sur lesquels vous avez gémi ?

Que le gouvernement, que MM. les Conseillers généraux y songent, l'agriculture a besoin plus que jamais d'une protection efficace ; dans son bien-être, réside la prospérité de l'Empire.

Lorsque l'agriculture souffre, elle ne produit pas ce qu'on doit en attendre, ce qu'elle pourrait donner ; de la pauvreté de ses produits résultent une gêne, des souffrances qui pèsent sur tous ; ces souffrances irritent, mécontentent ceux à qui elle ne permettent pas de raisonner, et pendant ces temps malheureux, la société est en danger.

Que le gouvernement, que MM. les conseillers généraux attirent donc, par tous les moyens dont ils peuvent user, les populations vers les campagnes, où elles trouveront un si utile emploi de leurs bras à fertiliser la terre.

En s'opposant au déplacement du chef-lieu de canton de Bouaye, ce sera protéger l'agriculture, prévenir, empêcher dans une certaine mesure cette désertion fâcheuse des habitants des campagnes, vers les grands centres de population , où il y a trop de bras inoccupés, et par suite gêne et misère, tandis qu'ils manquent à la terre qui les nourrirait.

Par toutes ces considérations, et par celles déduites dans la délibération du Conseil municipal de la commune de Bouaye du 10 août 1844, nous venons prier le Conseil général de persister dans ses deux précédentes décisions, contraires aux prétentions des communes de Rezé et de Bouguenais.

Dans cet espoir, nous venons vous offrir, Monsieur le Préfet et Messieurs les membres du Conseil général,

L'assurance des sentiments respectueux ,

De vos très-humbles serviteurs ,

N. DE SAINT-QUANTIN,
Adjoint, premier suppléant du Juge-de-Paix.

AUG. GIRAUD-VARSAVAUX,
Maire.

Bouaye, le 20 juillet 1855.

ANNEXES.

—

Copie du procès-verbal des séances du Conseil d'arrondissement de Nantes.

Séance du Conseil d'arrondissement du 23 juillet 1845, à laquelle assistaient : MM. Audap, Cantin, Bureau, Dusterte, Moreau, Bouché, Gautret, Durand-Gasselin, Chéguillaume, Riou, de l'Epinay, Giraud-Varsavaux, de Cornulier, Braheix et Giquel.

Absents : MM. Barra et Chesnard.

M. le président invite Messieurs les rapporteurs des commissions à faire leurs rapports qui sont discutés.

La demande de la translation, à Rezé, du chef-lieu de la Justice-de-Paix du canton de Bouaye, a été soumise à la délibération du Conseil. Cette demande de la translation a été accompagnée d'une lettre fort détaillée de Monsieur le Préfet, qui a mis à même de juger parfaitement la question.

Le Conseil, adoptant pleinement l'opinion de Monsieur le Préfet, a rejeté cette demande.

—

Session du Conseil général de la Loire-Inférieure, de l'année 1846.

Séance du 14 septembre 1846. Présents : MM. Bignon, l'amiral Leray, de la Haie-Jousselin, Lanjuinais, Méresse, Ferdinand Favre, O. de Sesmaisons, Wattier, Laennec, Thoinnet, De la Guibourgère, Monnier, Simon, Gouin, De Cornulier, Mérot, Chevas, Bruère, Guimberteau, De la Pilorgerie, maire, Garnier, Vallet et W. Arnous-Rivière.

Justice-de-Paix de Bouaye. — Une pétition fut présentée en 1844, par plusieurs habitants de Rezé pour obtenir la translation dans cette commune, de la Justice-de-Paix du canton de Bouaye ; le Conseil rejeta alors cette demande ; mais le procès-verbal n'en fit pas mention. M. le Préfet demande au Conseil de rectifier cette erreur. — Adopté.

Extrait du registre des délibérations du Conseil municipal de la commune de Bouaye.

L'an mil huit cent cinquante-cinq, le onze février, à midi, le Conseil municipal de la commune de Bouaye, assemblé au lieu ordinaire de ses séances, à la Mairie, en session ordinaire, sous la présidence de monsieur Giraud-Varsavaux, maire, en vertu de la convocation faite par monsieur le Maire de la commune, le deux de ce mois.

Etaient présents messieurs Giraud-Varsavaux, André, Guilbaud, Danté, Courgeon, André (Pierre), Richardeau, Delaunay, Brossaud et Simon.

Monsieur le Maire a donné lecture de la lettre de monsieur le Préfet du deux février mil huit cent cinquante-cinq, relative à la translation de la justice de paix demandée par le Conseil municipal de Rezé.

Le Conseil voit avec peine qu'on soumette pour la troisième fois à sa délibération une question déjà jugée en mil huit cent trente-deux et mil huit cent quarante-quatre, et il ne peut que s'en référer aux motifs déjà donnés dans ses précédentes délibérations et notamment celle du dix août mil huit cent quarante-quatre.

Le Conseil trouve cette réclamation d'autant plus inopportune, que, depuis le dernier rejet de pareille demande, la commune de Bouaye a construit un prétoire très-convenable, que n'ont pas beaucoup d'autres cantons ; la commune a été depuis sillonnée de nombreuses voies de communication, qui rendraient la justice très-accessible pour tout le canton, si d'ailleurs monsieur le Juge-de-Paix se conformait à la loi, en donnant chaque semaine des audiences dont il s'abstient, par suite de la tolérance qui lui permet de demeurer à Pont-Rousseau, c'est-à-dire à treize kilomètres de son prétoire.

Le Conseil ne voit dans cette affaire que l'intérêt personnel de monsieur le Juge-de-Paix et nullement celui des justiciables.

Déjà les communes ont plusieurs fois réclamé contre cet état de choses; mais ces réclamations ont été inutiles.

D'autre part encore, la justice de paix placée à Pont-Rousseau le serait à l'extrémité du canton; placée au bourg de Rezé, elle serait inabordable: Bouaye est évidemment la situation la plus centrale.

Le Conseil proteste donc à nouveau contre la réclamation du Conseil municipal de Rezé, par les motifs des délibérations précitées et ceux ci-dessus,

Et exprime le vœu que l'administration prenne les mesures nécessaires pour obliger monsieur le Juge-de-Paix et son huissier à résider au lieu de son prétoire, comme y est obligé monsieur le greffier, et ce, dans l'intérêt d'une bonne justice que l'intérêt privé ne saurait entraver.

Et ont les membres présents signé après lecture, à l'exception du sieur Pierre André qui a dit ne savoir pas le faire.

Signé au registre : Auguste GIRAUD-VARSAVAUX, maire; E. SIMON; COURJON; R. ANDRÉ; GUILBEAU; DAUTÉ; DELAUNAY; RICHARDEAU et BROSSAUD.

Extrait du registre des délibérations du Conseil municipal de la commune de Bouaye.

L'an mil huit cent quarante-quatre, le dix du mois d'août, le Conseil municipal de la commune de Bouaye s'est réuni sur la convocation de M. le Maire. Etaient présents MM. GIRAUD-VARSAVAUX, GUÉRIN, DAUTÉ, JORET, DE LA BARRE, FAVREAU, ARCHAMBAUD, DE SAINT-QUANTIN et CRUCY; celui-ci élu secrétaire.

L'assemblée étant en nombre suffisant, M. le Maire a ouvert la séance, etc., etc., etc.

M. le Maire a présenté au Conseil une lettre de M. le Préfet, en date du 9 de ce mois, par laquelle il lui demande de donner son avis sur une pétition d'un certain nombre des habitants de la commune de Rezé, tendant à faire transporter la Justice de Paix à Pont-Rousseau.

Le Conseil, après avoir pris connaissance de la pétition et en avoir mûrement délibéré, est d'avis que la pétition adressée au Conseil municipal de Rezé se résume en ces mots :

« Il nous serait avantageux d'avoir la Justice de Paix au milieu de nous, où nous sommes les plus nombreux, les plus riches et les plus commerçants; nous pouvons donc avec fondement demander que le chef-lieu soit enlevé à la commune de Bouaye, pour être placé à Pont-Rousseau. »

De pareilles considérations ne sauraient prévaloir auprès de l'autorité supérieure. Si la commune de Rezé est intéressée à posséder la Justice de Paix, celle de Bouaye ne doit pas moins l'être à la conserver : c'est un avantage que cette dernière possède en vertu d'une loi, et dont elle ne peut être dépouillée sans un motif sérieux et légitime.

N'y aurait-il dans cette question qu'une lutte d'intérêt communal, que le droit serait en faveur de la possession ; mais bien d'autres intérêts que ceux de la commune de Bouaye s'y trouvent compris.

Avant de songer à rendre la justice commode au plus grand nombre, le législateur a dû la rendre accessible à tous.

Or, la Justice de Paix placée à Pont-Rousseau n'est plus qu'une institution illusoire ou onéreuse à une grande partie des habitants du canton.

La moitié de la population de Brains, située à 22 kilomètres du chef-lieu, sera manifestement privée de tous les bienfaits de la Justice de Paix ; ce n'est pas tout d'arriver jusqu'au prétoire, il faut encore revenir chez soi ; cette double condition est impossible pour ceux qui doivent dans un même jour parcourir 44 kilomètres, assister aux longueurs des audiences et attendre leur tour.

L'institution des Juges de Paix a reçu de la loi une nature particulière qui la distingue des autres tribunaux ; c'est une institution de famille plutôt que d'organisation publique. Le

juge doit être voisin de ses justiciables, leurs relations doivent
être toutes fréquentes ; le juge est souvent appelé à visiter le
domicile des habitants soumis à sa tutelle ; il doit les con-
naître, savoir leurs besoins, leurs affaires, leurs intérêts, et
pour cela vivre au milieu d'eux.

Pour celui qui est séparé du chef-lieu de canton par 22
kilomètres de distance, il n'existe pas de Justice de Paix ; on
ne peut *trop insister sur cette vérité : elle est décisive dans la
question* que soulève la pétition.

C'est à cette considération que le législateur s'est attaché
principalement, dans l'établissement des conditions du chef-
lieu de canton ; c'est ce motif, qu'aux termes de l'article 4
de la loi du 8 pluviose an ix, l'arrondissement d'une justice de
paix ne peut pas comprendre plus de 375 kilomètres carrés ;
c'est dans le même esprit que l'article 8 de la même loi porte :
« *Dans chaque arrondissement de la justice de paix formée de*
» *la réunion de plusieurs communes, le gouvernement dési-*
» *gnera celle qui, soit à raison de sa centralité, soit par rap-*
» *port à ses relations avec les autres communes du même ar-*
» *rondissement, en sera le chef-lieu.* »

Toutes ces considérations sont remplies dans le choix de la
commune de Bouaye pour chef-lieu de canton, et ce sont
elles qui l'ont déterminé.

Bouaye est, de toutes les communes du canton, la seule
qui soit centrale ; toutes lui sont contiguës ou limitrophes ;
toutes communiquent avec elle par des chemins vicinaux ; plusieurs doivent la traverser pour se rendre à Nantes. Il n'en
est pas une dont les habitants n'aient de fréquentes occasions
d'y venir, soit à cause du notaire qui y a sa résidence, soit
à cause du percepteur, soit à cause du marché qui s'y tient,
soit à cause du port et du lac de Grand-Lieu, soit à cause
des voitures qui traversent le bourg et conduisent à Nantes,
Challans, Machecoul, Pornic et de là sur tous les autres points
du département.

Non seulement Bouaye est dans le voisinage de tous les
habitants du canton, mais encore il n'en est pas qui n'aient
avec cette commune des relations forcées et de tous les jours ;
les conditions de centralité et de communications fréquentes,
sont donc pleinement remplies.

Les autorités s'étaient donc conformées au vœu de la loi, lorsqu'elles l'ont choisie pour chef-lieu de canton.

Quels changements sont survenus, depuis cette époque, dans l'état des choses, pour qu'il y ait lieu de changer la détermination du législateur ?

Rezé est-elle moins qu'autrefois à l'extrémité du canton ?

N'est-elle pas encore aujourd'hui la moins centrale de toutes les communes ?

Sa distance n'est-elle pas telle à l'égard de Brains et de Saint-Leger, qu'il est impossible de s'y rendre et de revenir dans le même jour ?

N'était-elle pas alors comme aujourd'hui la plus considérable, la plus populeuse et la plus commerçante ?

Qu'importe sa population nombreuse ? Chaque justiciable à le même droit à la justice, et le grand nombre de ceux qui ont droit dans un même lieu ne rend pas le droit plus favorable ou plus puissant.

La loi de pluviose an IX, n'a pas pu faire de la population une condition du choix à faire d'un chef-lieu ; c'est à la centralité et aux relations qu'elle attache la raison de décider.

Ni l'une ni l'autre de ces conditions ne se trouvent à Rezé ; loin d'être centrale elle est extrême, et quant aux relations avec les autres communes, elles sont *nulles*.

Les habitants de celles-ci n'y apportent rien, n'y achètent rien, n'y viennent rien chercher ; mais elles ne s'y arrêtent pas ; un séjour serait une gêne plutôt qu'une facilité.

Encore une fois, pourquoi changer un état de choses établi par un règlement légal, confirmé par une possession de cinquante ans, conforme aux bases des lois organisatrices, et cela, lorsqu'aucun changement n'est intervenu dans l'état des lieux.

Les pétitionnaires ont appuyé leur prétention d'un tableau dont l'authenticité n'a rien d'incontestable, mais qui confirme singulièrement les réflexions qui précèdent. Il en résulte que, depuis trois ans, c'est-à-dire depuis que M. le Juge de paix a jugé convenable à ses intérêts ou à sa commodité de transporter sa résidence à Pont-Rousseau, la commune de Brains n'a eu que quatre réunions de conseils de famille, tandis que Rezé en a eu soixante-douze ; il est évident que la différence ne provient pas de la différence de population, car assurément la population de Rezé n'est pas à celle de Brains, comme soixante-douze est à quatre; il faut en chercher la raison ailleurs, et on la trouve manifestement dans l'éloignement.

Personne ne sera tenté de croire assurément que, depuis trois ans, il n'y ait eu que quatre causes de réunion de conseil de famille dans la commune de Brains; il est évident que des intérêts souffrent sous ce rapport et que la loi n'est pas exécutée dans ses prévisions.

Est-il possible que, depuis trois ans, il ne se soit présenté qu'une seule occasion d'apposer les scellés? N'est-il pas manifeste, au contraire, que ce petit nombre d'actions du Juge-de-Paix tient à son absence des lieux, à l'ignorance nécessaire de cas de scellés, où il se trouve par son éloignement.

Quel est celui qui fera quarante-quatre kilomètres pour l'avertir?

Ce résultat serait bien plus grave s'il fallait que les réunions même eussent lieu à Pont-Rousseau; énormes inconvénients, et quel préjudice que ce déplacement de toute une famille, et la nécessité pour six personnes de quitter leur domicile pendant vingt-quatre heures, car douze heures ne peuvent suffire pour faire le trajet, et prendre part à une délibération utile! Faut-il ajouter que les frais de justice se trouvent augmentés de la distance plus grande; que les difficultés de faire assigner, rendront encore plus difficile et plus chère, cette justice qui coûte déjà tant aux pauvres?

Enfin, le Juge-de-Paix est le conseil né de tous ses justiciables; seul, il peut empêcher les contestations à naître, apaiser celles qui ne font que de s'élever; seul, il peut donner son avis sur l'usage des lieux dont il est l'arbitre; seul, il doit diriger l'intérêt des mineurs, des veuves, des malheureux à qui la misère ferme l'accès des conseils. Tous ces avantages disparaissent pour les communes éloignées; et, si quelqu'un pouvait en être impunément privé, ce serait assurément la commune de Rezé, dont les habitants, riches pour la plupart, ainsi que le font observer les pétitionnaires, sont d'ailleurs à la porte de Nantes, où les conseils de toute espèce se trouvent à leur disposition.

Que les habitants de Rezé y réfléchissent sérieusement, et ils reconnaîtront que ce qu'ils ont pris pour l'intérêt public, n'est que leur intérêt privé, et que leur demande aurait pour résultat un préjudice grave pour les autres communes, bien plus grave assurément que l'avantage particulier qu'ils en retireraient.

Enfin, l'assentiment de M. le Juge-de-Paix semblerait nécessaire à cette demande; il ne paraît pas qu'il ait été donné, et il y a lieu de croire qu'il serait assuré. Ce magistrat ne consentirait pas à éloigner son prétoire d'une partie de ses justiciables, et à priver de sa présence et de son bienfaisant voisinage, les populations qui en ont le plus besoin, lorsque d'ailleurs c'est pour lui un devoir légal de vivre au milieu d'elles, et de rendre sa personne et ses conseils accessibles à tous ceux dont la loi lui a confié la garde et la protection.

Par ces motifs, le conseil proteste contre la demande des habitants de Rezé, et sollicite de l'administration le maintien de la Justice-de-Paix au bourg de Bouaye, et insiste pour que les audiences y soient tenues exclusivement chaque semaine.

Et ont signé tous les membres présents après lecture.

Pour copie conforme :

Le Maire,

A. GIRAUD-VARSAVAUX.